Azucena CABALLERO

DIARIO
de
agradecimiento

ISBN: 9798493779992
Sello: Independently published

Diseño y maquetación:
Mónica Fragueiro Carrera (meninheira)

DIARIO
de
agradecimiento

Azucena
CABALLERO

Diario de Agradecimiento

Pequeña introducción

Este diario está diseñado para que cada día disfrutes de enamorarte más y más de tu vida actual, gracias a practicar de manera consciente el agradecimiento.

Está pensado para que cada día, durante un mes, des gracias por todo aquello que merece la pena en tu vida.

Todos nos merecemos vivir vidas felices y significativas.

El agradecimiento es una herramienta que tiene beneficios probados por diversos estudios, incluyendo los de la Universidad George Mason (Virginia, USA) o la Universidad de Illinois Chicago (Illinois, USA), entre ellos:

- Beneficios físicos. Ayuda a mantener un estilo de vida más saludable al sentirnos más agradecidos por nuestros cuerpos.
- Mejora la autoestima.
- Aumenta nuestro nivel de resiliencia.
- Ayuda a dormir mejor.
- Equilibra nuestro pensamiento. Hace que nos enfoquemos también en lo positivo y no solo en lo negativo.
- Nos hace más optimistas.
- Vemos la vida desde una perspectiva esperanzadora.
- Somos más felices.

Deseo que este diario te ayude a sentir que tu vida merece mucho la pena.

Besos,
Azucena

Diario matinal

Mi intención para hoy es:

Si el día de hoy tuviera una sola palabra
en la que enfocarme sería:

Afirmación
positiva para hoy

Doy gracias por:

¿Qué podría hacer hoy para tener un buen día?

Diario de Agradecimiento

Doy gracias por:

Diario de Agradecimiento

Doy gracias por:

Diario nocturno

Cosas buenas que han sucedido hoy:

¿Quién me ha ayudado hoy?

Buenos Hábitos
que he practicado hoy

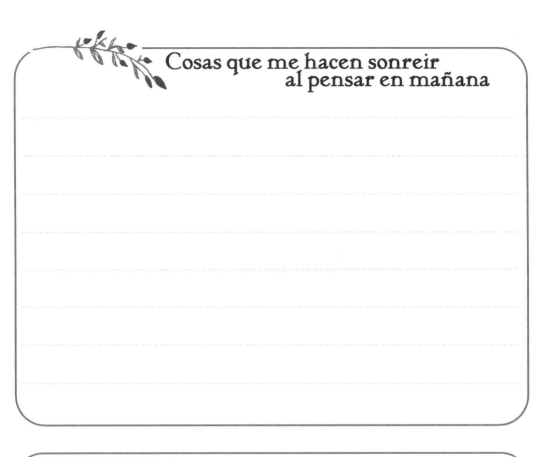

Cosas que me hacen sonreir
al pensar en mañana

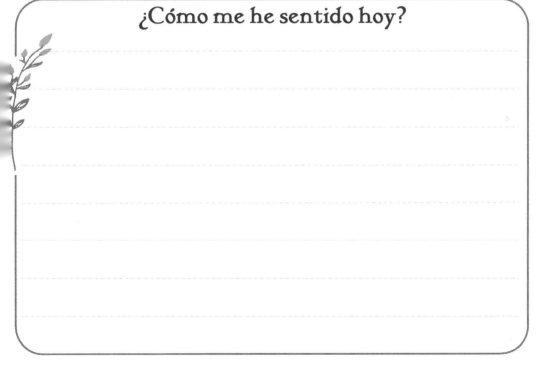

¿Cómo me he sentido hoy?

Diario matinal

Mi intención para hoy es:

Si el día de hoy tuviera una sola palabra
en la que enfocarme sería:

Afirmación
positiva para hoy

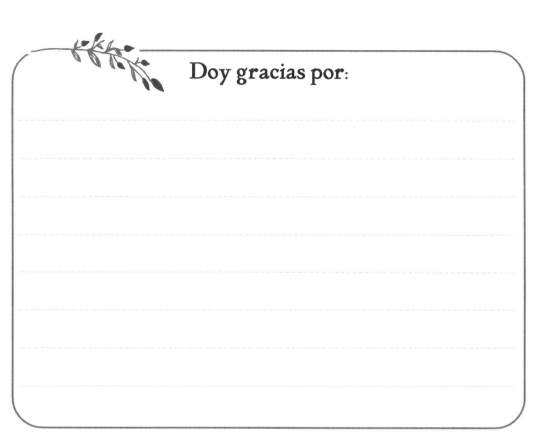

Doy gracias por:

¿Qué podría hacer hoy para tener un buen día?

Diario de Agradecimiento

Doy gracias por:

Diario de Agradecimiento

Doy gracias por:

Diario nocturno

Cosas buenas que han sucedido hoy:

¿Quién me ha ayudado hoy?

Buenos Hábitos
que he practicado hoy

Cosas que me hacen sonreir al pensar en mañana

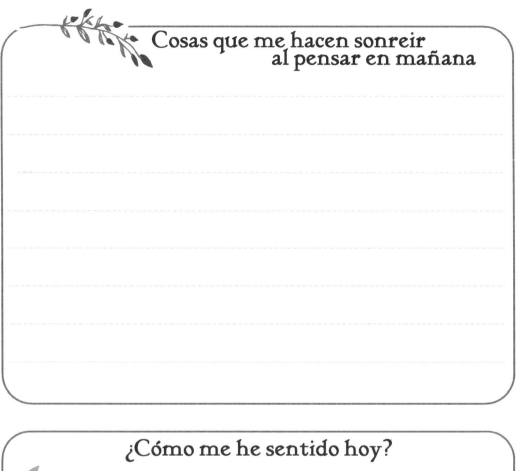

¿Cómo me he sentido hoy?

Diario matinal

Mi intención para hoy es:

Si el día de hoy tuviera una sola palabra
en la que enfocarme sería:

Afirmación
positiva para hoy

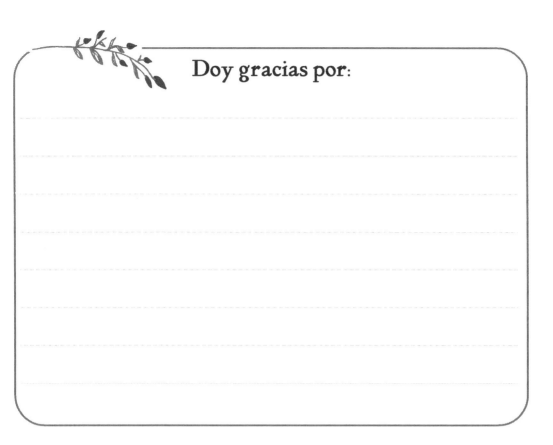

Doy gracias por:

¿Qué podría hacer hoy para tener un buen día?

Diario de Agradecimiento

Doy gracias por:

Diario de Agradecimiento

Doy gracias por:

Diario nocturno

Cosas buenas que han sucedido hoy:

¿Quién me ha ayudado hoy?

Buenos Hábitos
que he practicado hoy

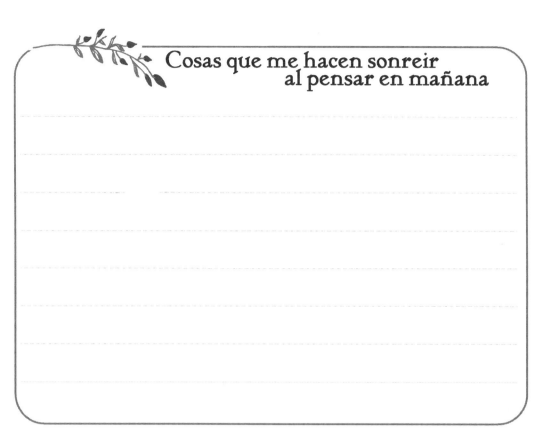

Cosas que me hacen sonreir
al pensar en mañana

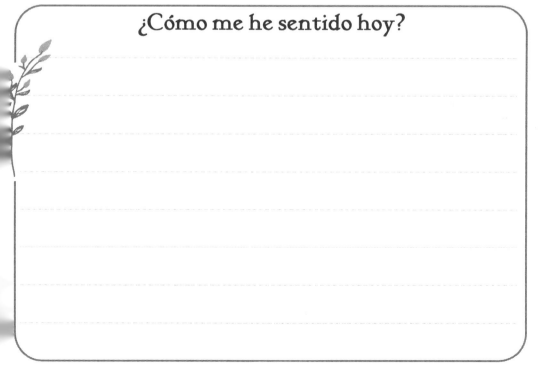

¿Cómo me he sentido hoy?

Diario matinal

Mi intención para hoy es:

Si el día de hoy tuviera una sola palabra
en la que enfocarme sería:

Afirmación
positiva para hoy

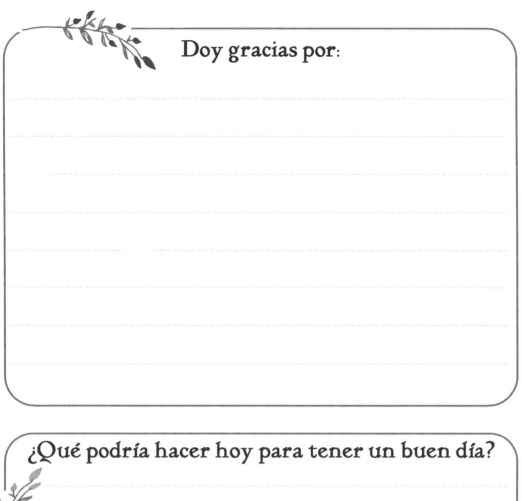

Doy gracias por:

¿Qué podría hacer hoy para tener un buen día?

Diario de Agradecimiento

Doy gracias por:

Diario de Agradecimiento

Doy gracias por:

Diario nocturno

Cosas buenas que han sucedido hoy:

¿Quién me ha ayudado hoy?

Buenos Hábitos
que he practicado hoy

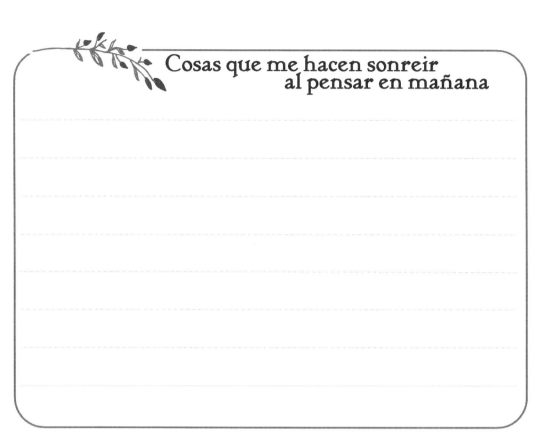

Cosas que me hacen sonreir al pensar en mañana

¿Cómo me he sentido hoy?

Diario matinal

Mi intención para hoy es:

Si el día de hoy tuviera una sola palabra
en la que enfocarme sería:

Afirmación
positiva para hoy

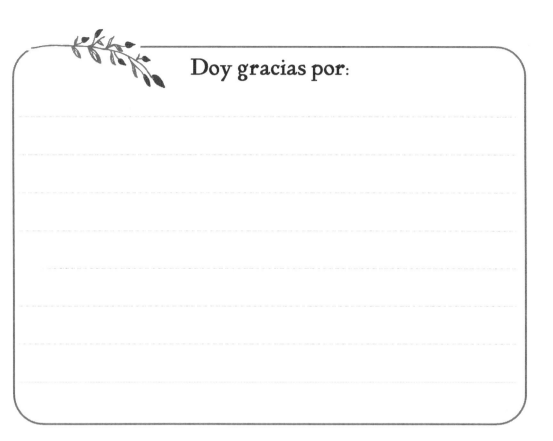

Doy gracias por:

¿Qué podría hacer hoy para tener un buen día?

Diario de Agradecimiento

Doy gracias por:

Diario de Agradecimiento

Doy gracias por:

Diario nocturno

Cosas buenas que han sucedido hoy:

¿Quién me ha ayudado hoy?

Buenos Hábitos
que he practicado hoy

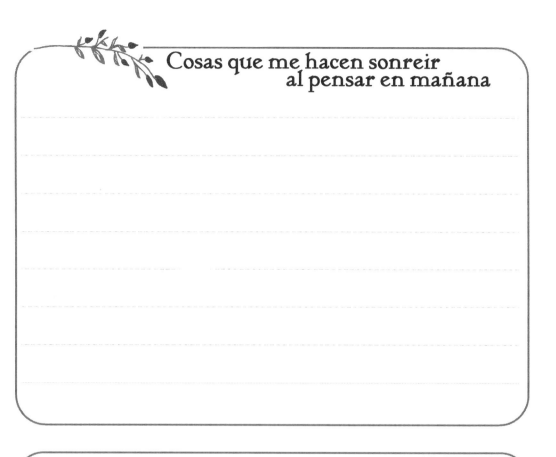

Cosas que me hacen sonreir al pensar en mañana

¿Cómo me he sentido hoy?

Diario matinal

Mi intención para hoy es:

Si el día de hoy tuviera una sola palabra
en la que enfocarme sería:

Afirmación
positiva para hoy

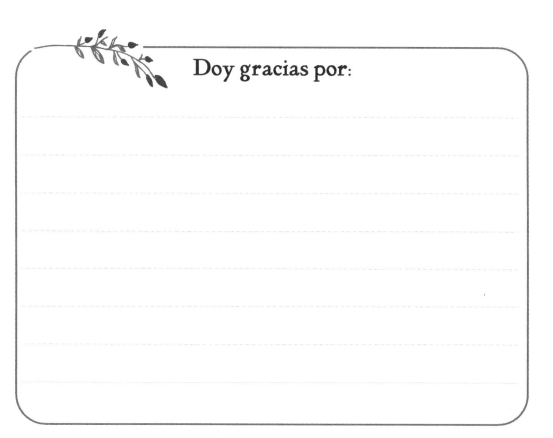

Doy gracias por:

¿Qué podría hacer hoy para tener un buen día?

Diario de Agradecimiento

Doy gracias por:

Diario de Agradecimiento

Doy gracias por:

Diario nocturno

Cosas buenas que han sucedido hoy:

¿Quién me ha ayudado hoy?

Buenos Hábitos
que he practicado hoy

Cosas que me hacen sonreir
al pensar en mañana

¿Cómo me he sentido hoy?

Diario matinal

Mi intención para hoy es:

Si el día de hoy tuviera una sola palabra
en la que enfocarme sería:

Afirmación
positiva para hoy

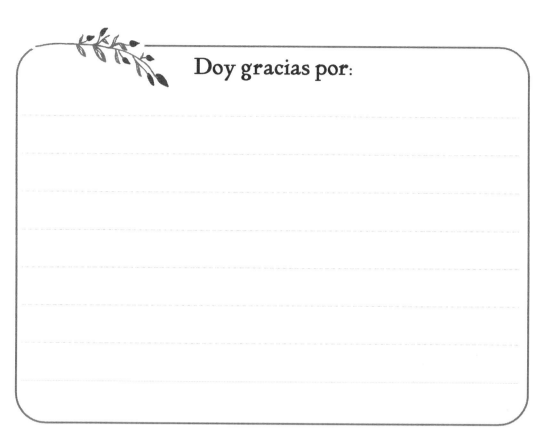

Doy gracias por:

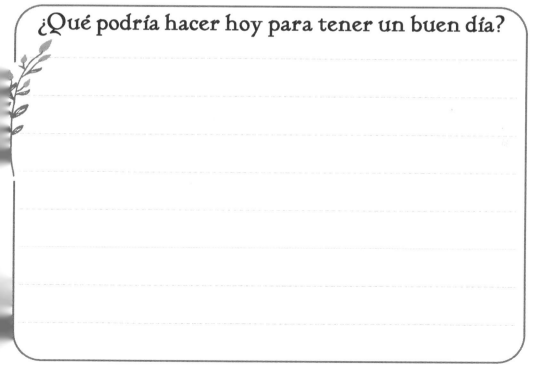

¿Qué podría hacer hoy para tener un buen día?

Diario de Agradecimiento

Doy gracias por:

Diario de Agradecimiento

Doy gracias por:

Diario nocturno

Cosas buenas que han sucedido hoy:

¿Quién me ha ayudado hoy?

Buenos Hábitos
que he practicado hoy

Cosas que me hacen sonreir al pensar en mañana

¿Cómo me he sentido hoy?

Diario matinal

Mi intención para hoy es:

Si el día de hoy tuviera una sola palabra
en la que enfocarme sería:

Afirmación
positiva para hoy

Doy gracias por:

¿Qué podría hacer hoy para tener un buen día?

Diario de Agradecimiento

Doy gracias por:

Diario de Agradecimiento

Doy gracias por:

Diario nocturno

Cosas buenas que han sucedido hoy:

¿Quién me ha ayudado hoy?

Buenos Hábitos
que he practicado hoy

Cosas que me hacen sonreir
al pensar en mañana

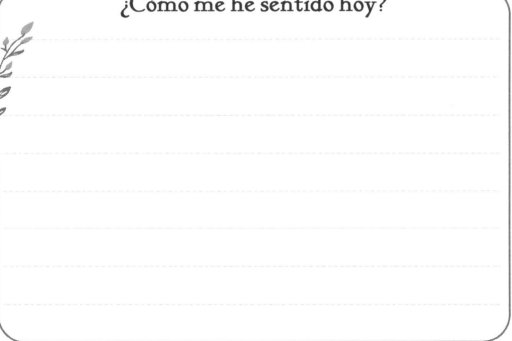

¿Cómo me he sentido hoy?

Diario matinal

Mi intención para hoy es:

Si el día de hoy tuviera una sola palabra
en la que enfocarme sería:

Afirmación
positiva para hoy

Doy gracias por:

¿Qué podría hacer hoy para tener un buen día?

Diario de Agradecimiento

Doy gracias por:

Diario de Agradecimiento

Doy gracias por:

Diario nocturno

Cosas buenas que han sucedido hoy:

¿Quién me ha ayudado hoy?

Buenos Hábitos
que he practicado hoy

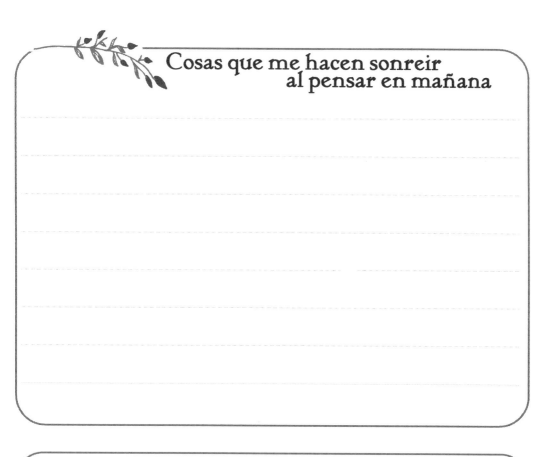

Cosas que me hacen sonreir
al pensar en mañana

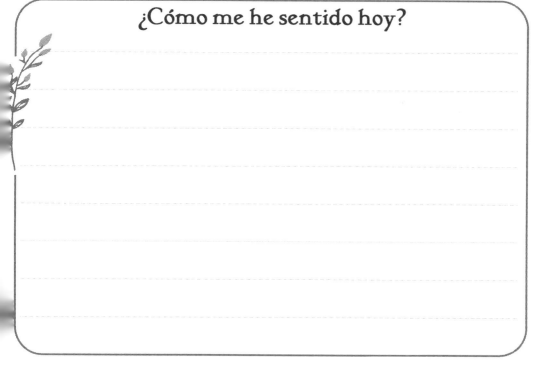

¿Cómo me he sentido hoy?

Diario matinal

Mi intención para hoy es:

Si el día de hoy tuviera una sola palabra
en la que enfocarme sería:

Afirmación
positiva para hoy

Doy gracias por:

¿Qué podría hacer hoy para tener un buen día?

Diario de Agradecimiento

Doy gracias por:

Diario de Agradecimiento

Doy gracias por:

Diario nocturno

Cosas buenas que han sucedido hoy:

¿Quién me ha ayudado hoy?

Buenos Hábitos
que he practicado hoy

Cosas que me hacen sonreír
al pensar en mañana

¿Cómo me he sentido hoy?

Diario matinal

Mi intención para hoy es:

Si el día de hoy tuviera una sola palabra
en la que enfocarme sería:

Afirmación
positiva para hoy

Doy gracias por:

¿Qué podría hacer hoy para tener un buen día?

Diario de Agradecimiento

Doy gracias por:

Diario de Agradecimiento

Doy gracias por:

Diario nocturno

Cosas buenas que han sucedido hoy:

¿Quién me ha ayudado hoy?

Buenos Hábitos
que he practicado hoy

Cosas que me hacen sonreir al pensar en mañana

¿Cómo me he sentido hoy?

Diario matinal

Mi intención para hoy es:

Si el día de hoy tuviera una sola palabra
en la que enfocarme sería:

Afirmación
positiva para hoy

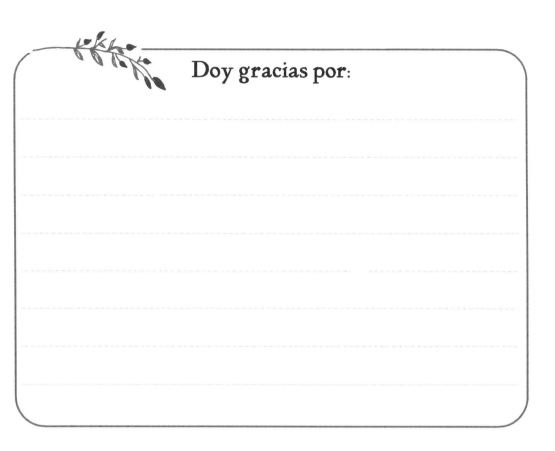

Doy gracias por:

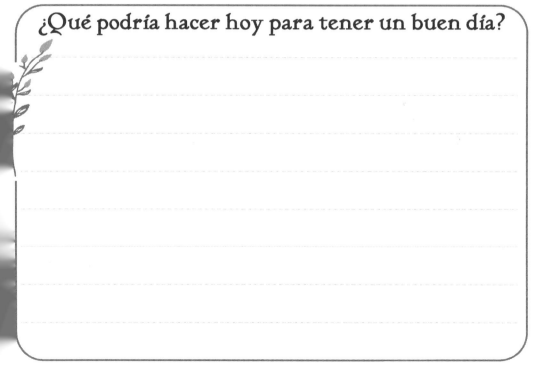

¿Qué podría hacer hoy para tener un buen día?

Diario de Agradecimiento

Doy gracias por:

Diario de Agradecimiento

Doy gracias por:

Diario nocturno

Cosas buenas que han sucedido hoy:

¿Quién me ha ayudado hoy?

Buenos Hábitos
que he practicado hoy

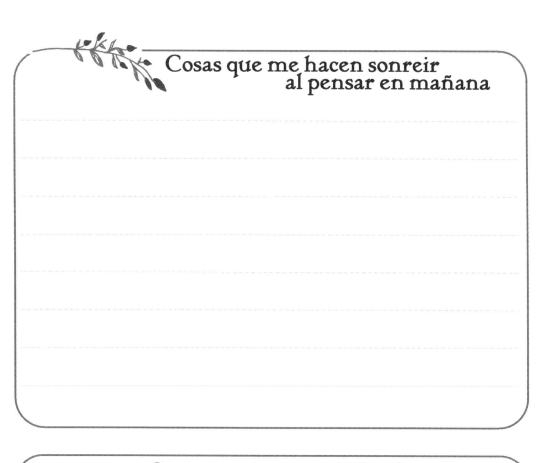

Cosas que me hacen sonreir
al pensar en mañana

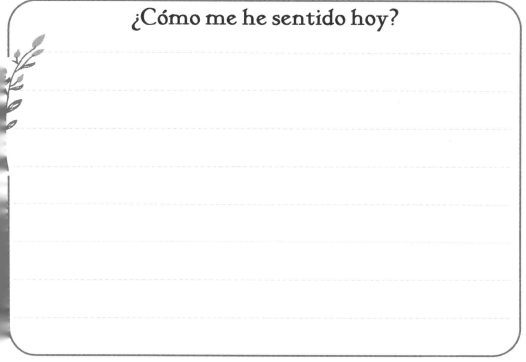

¿Cómo me he sentido hoy?

Diario matinal

Mi intención para hoy es:

Si el día de hoy tuviera una sola palabra
en la que enfocarme sería:

Afirmación
positiva para hoy

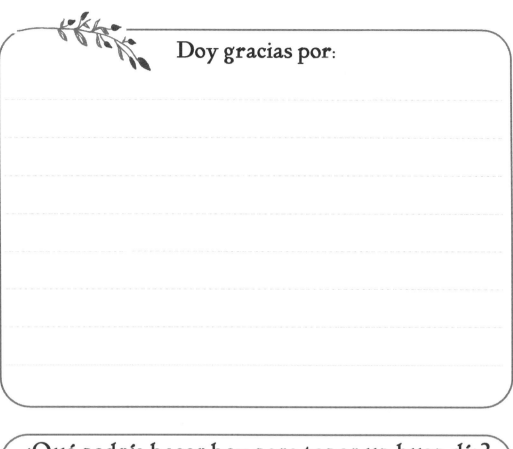

Doy gracias por:

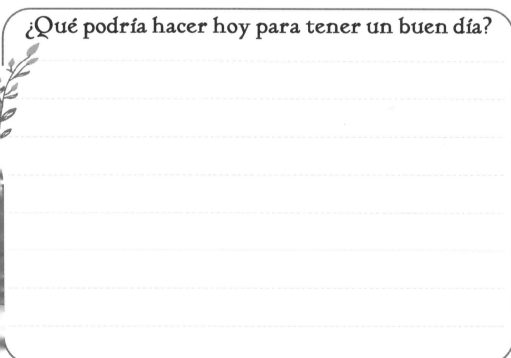

¿Qué podría hacer hoy para tener un buen día?

Diario de Agradecimiento

Doy gracias por:

Diario de Agradecimiento

Doy gracias por:

Diario nocturno

Cosas buenas que han sucedido hoy:

¿Quién me ha ayudado hoy?

Buenos Hábitos
que he practicado hoy

Cosas que me hacen sonreir al pensar en mañana

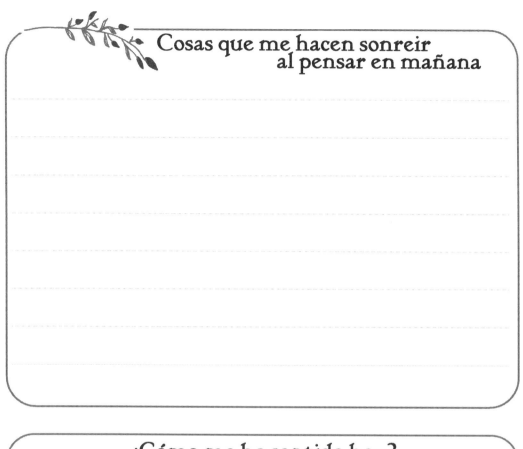

¿Cómo me he sentido hoy?

Diario matinal

Mi intención para hoy es:

Si el día de hoy tuviera una sola palabra
en la que enfocarme sería:

Afirmación
positiva para hoy

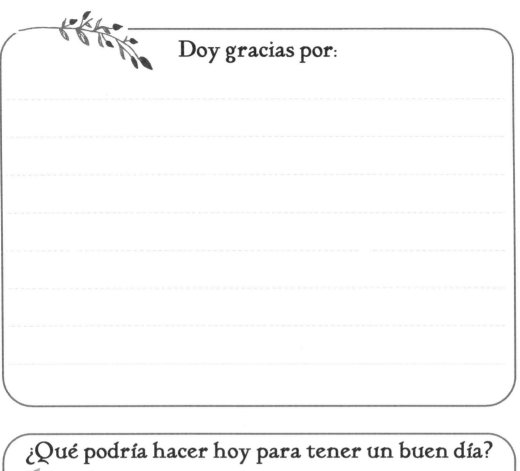

Doy gracias por:

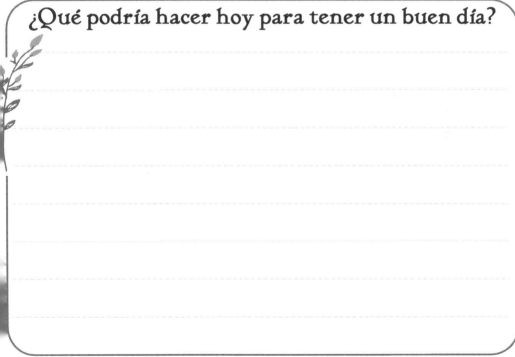

¿Qué podría hacer hoy para tener un buen día?

Diario de Agradecimiento

Doy gracias por:

Diario de Agradecimiento

Doy gracias por:

Diario nocturno

Cosas buenas que han sucedido hoy:

¿Quién me ha ayudado hoy?

Buenos Hábitos
que he practicado hoy

Cosas que me hacen sonreir
al pensar en mañana

¿Cómo me he sentido hoy?

Diario matinal

Mi intención para hoy es:

Si el día de hoy tuviera una sola palabra
en la que enfocarme sería:

Afirmación
positiva para hoy

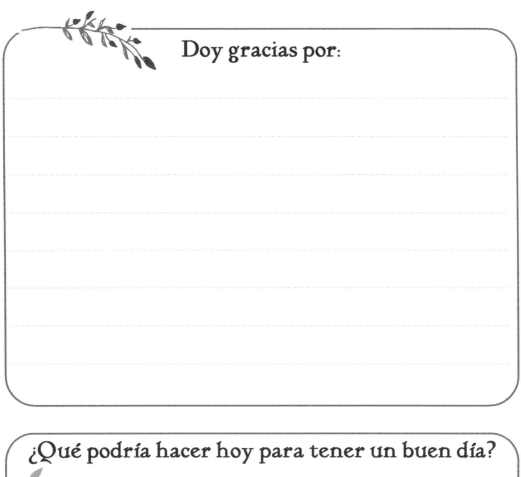

Doy gracias por:

¿Qué podría hacer hoy para tener un buen día?

Diario de Agradecimiento

Doy gracias por:

Diario de Agradecimiento

Doy gracias por:

Diario nocturno

Cosas buenas que han sucedido hoy:

¿Quién me ha ayudado hoy?

Buenos Hábitos
que he practicado hoy

Cosas que me hacen sonreir al pensar en mañana

¿Cómo me he sentido hoy?

Diario matinal

Mi intención para hoy es:

Si el día de hoy tuviera una sola palabra
en la que enfocarme sería:

Afirmación
positiva para hoy

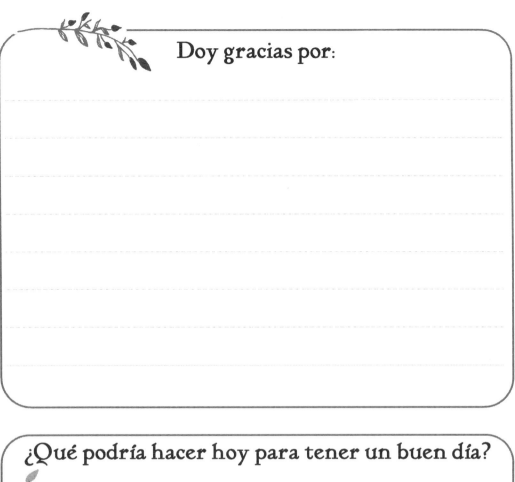

Doy gracias por:

¿Qué podría hacer hoy para tener un buen día?

Diario de Agradecimiento

Doy gracias por:

Diario de Agradecimiento

Doy gracias por:

Diario nocturno

Cosas buenas que han sucedido hoy:

¿Quién me ha ayudado hoy?

Buenos Hábitos
que he practicado hoy

Cosas que me hacen sonreir
al pensar en mañana

¿Cómo me he sentido hoy?

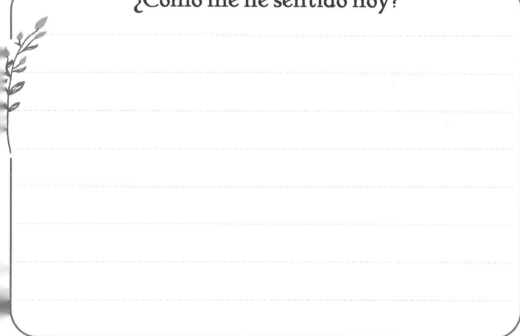

Diario matinal

Mi intención para hoy es:

Si el día de hoy tuviera una sola palabra
en la que enfocarme sería:

Afirmación
positiva para hoy

Doy gracias por:

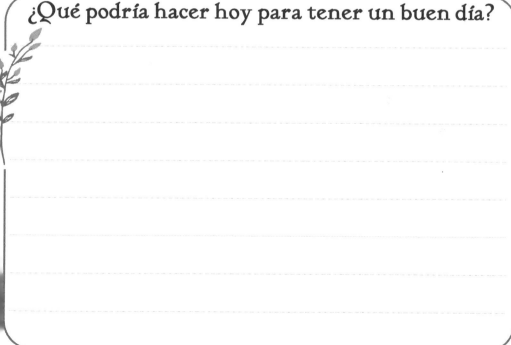

¿Qué podría hacer hoy para tener un buen día?

Diario de Agradecimiento

Doy gracias por:

Diario de Agradecimiento

Doy gracias por:

Diario nocturno

Cosas buenas que han sucedido hoy:

¿Quién me ha ayudado hoy?

Buenos Hábitos
que he practicado hoy

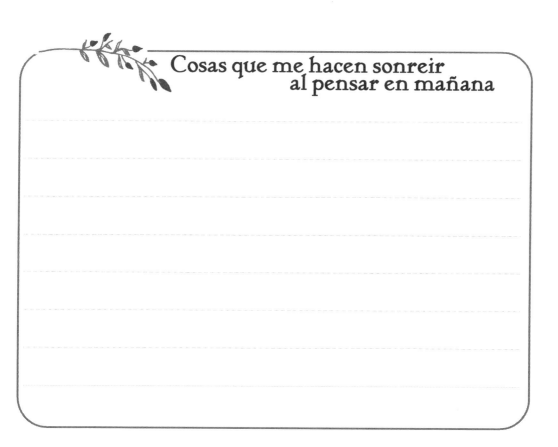

Cosas que me hacen sonreir
al pensar en mañana

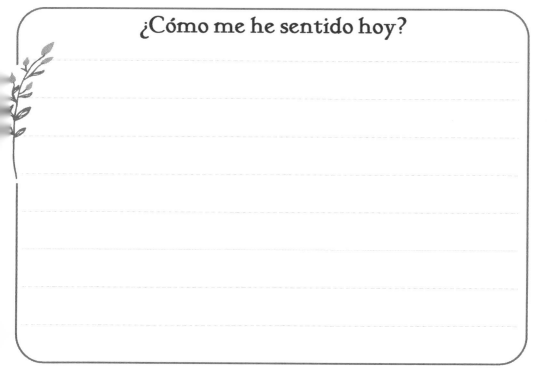

¿Cómo me he sentido hoy?

Diario matinal

Mi intención para hoy es:

Si el día de hoy tuviera una sola palabra
en la que enfocarme sería:

Afirmación
positiva para hoy

Doy gracias por:

¿Qué podría hacer hoy para tener un buen día?

Diario de Agradecimiento

Doy gracias por:

Diario de Agradecimiento

Doy gracias por:

Diario nocturno

Cosas buenas que han sucedido hoy:

¿Quién me ha ayudado hoy?

Buenos Hábitos
que he practicado hoy

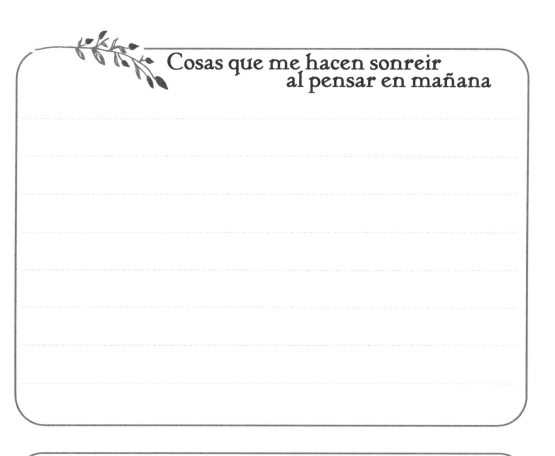

Cosas que me hacen sonreir al pensar en mañana

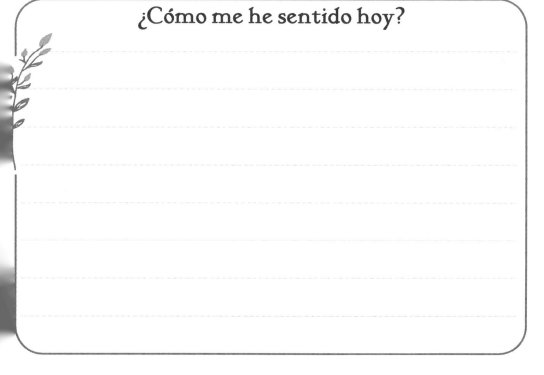

¿Cómo me he sentido hoy?

Diario matinal

Mi intención para hoy es:

Si el día de hoy tuviera una sola palabra
en la que enfocarme sería:

Afirmación
positiva para hoy

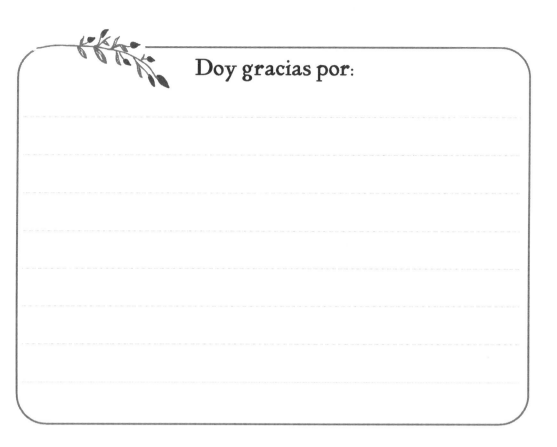

Doy gracias por:

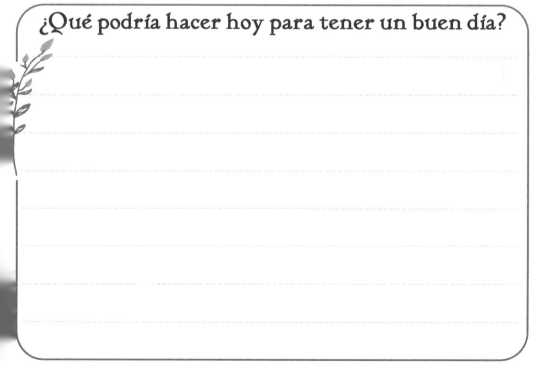

¿Qué podría hacer hoy para tener un buen día?

Diario de Agradecimiento

Doy gracias por:

Diario de Agradecimiento

Doy gracias por:

Diario nocturno

Cosas buenas que han sucedido hoy:

¿Quién me ha ayudado hoy?

Buenos Hábitos
que he practicado hoy

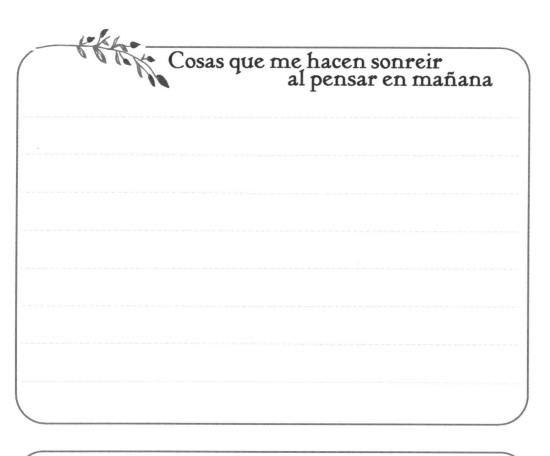

Cosas que me hacen sonreir al pensar en mañana

¿Cómo me he sentido hoy?

Diario matinal

Mi intención para hoy es:

Si el día de hoy tuviera una sola palabra
en la que enfocarme sería:

Afirmación
positiva para hoy

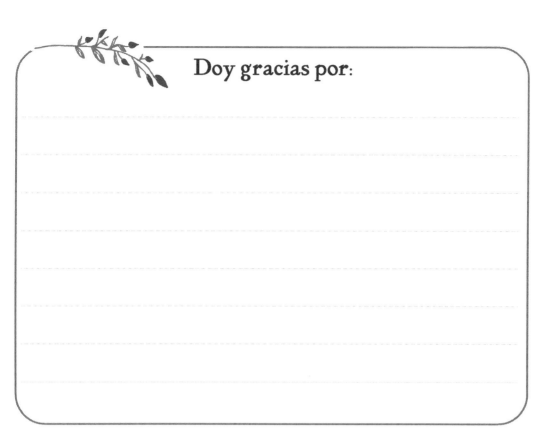

Doy gracias por:

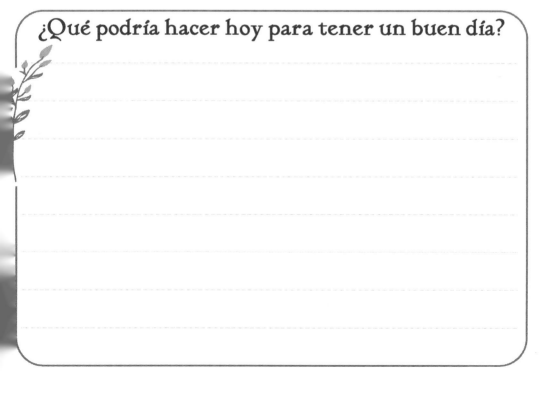

¿Qué podría hacer hoy para tener un buen día?

Diario de Agradecimiento

Doy gracias por:

Diario de Agradecimiento

Doy gracias por:

Diario nocturno

Cosas buenas que han sucedido hoy:

¿Quién me ha ayudado hoy?

Buenos Hábitos
que he practicado hoy

Cosas que me hacen sonreír al pensar en mañana

¿Cómo me he sentido hoy?

Diario matinal

Mi intención para hoy es:

Si el día de hoy tuviera una sola palabra
en la que enfocarme sería:

Afirmación
positiva para hoy

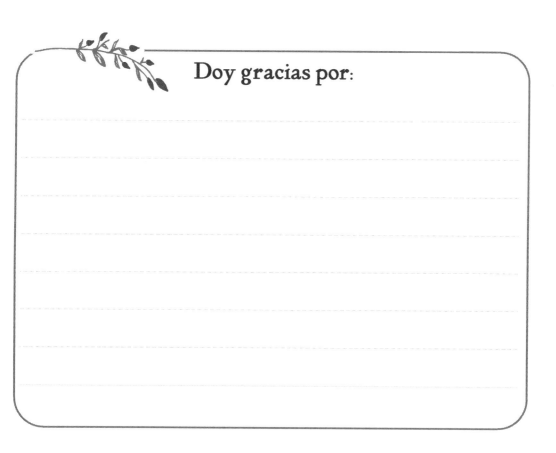

Doy gracias por:

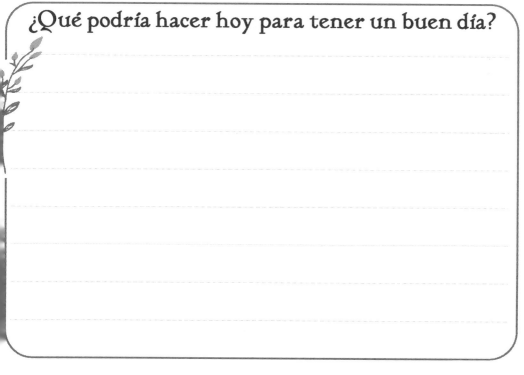

¿Qué podría hacer hoy para tener un buen día?

Diario de Agradecimiento

Doy gracias por:

Diario de Agradecimiento

Doy gracias por:

Diario nocturno

Cosas buenas que han sucedido hoy:

¿Quién me ha ayudado hoy?

Buenos Hábitos
que he practicado hoy

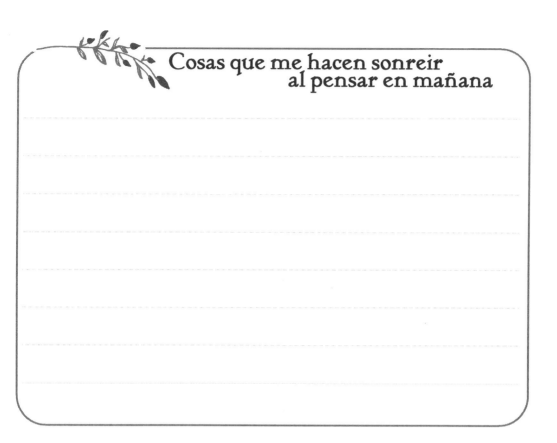

Cosas que me hacen sonreir
al pensar en mañana

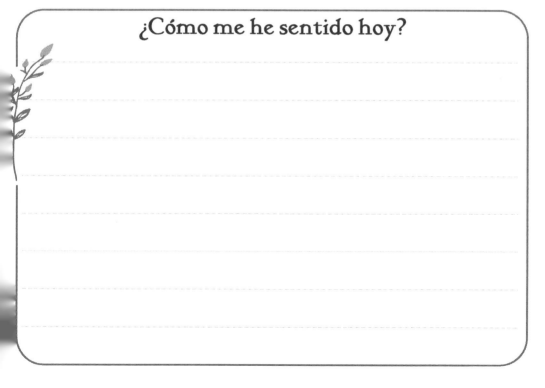

¿Cómo me he sentido hoy?

Diario matinal

Mi intención para hoy es:

Si el día de hoy tuviera una sola palabra
en la que enfocarme sería:

Afirmación
positiva para hoy

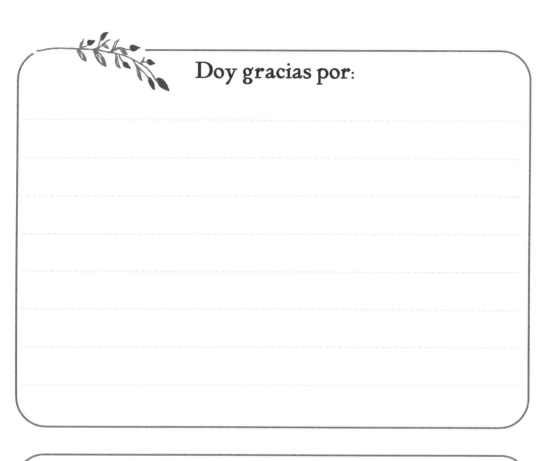

Doy gracias por:

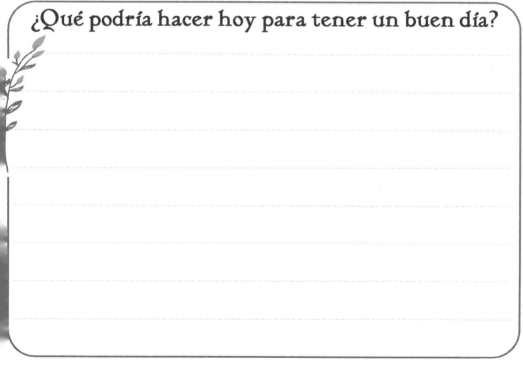

¿Qué podría hacer hoy para tener un buen día?

Diario de Agradecimiento

Doy gracias por:

Diario de Agradecimiento

Doy gracias por:

Diario nocturno

Cosas buenas que han sucedido hoy:

¿Quién me ha ayudado hoy?

Buenos Hábitos
que he practicado hoy

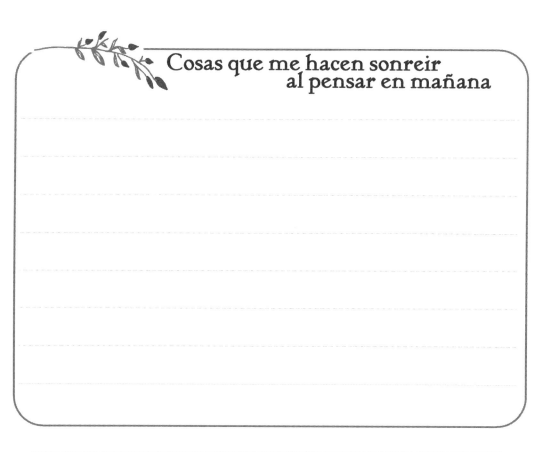

Cosas que me hacen sonreir al pensar en mañana

¿Cómo me he sentido hoy?

Diario matinal

Mi intención para hoy es:

Si el día de hoy tuviera una sola palabra
en la que enfocarme sería:

Afirmación
positiva para hoy

Doy gracias por:

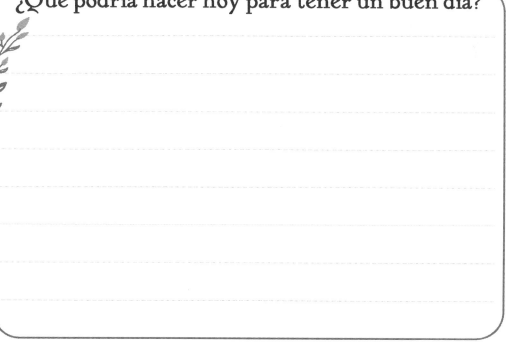

¿Qué podría hacer hoy para tener un buen día?

Diario de Agradecimiento

Doy gracias por:

Diario de Agradecimiento

Doy gracias por:

Diario nocturno

Cosas buenas que han sucedido hoy:

¿Quién me ha ayudado hoy?

Buenos Hábitos
que he practicado hoy

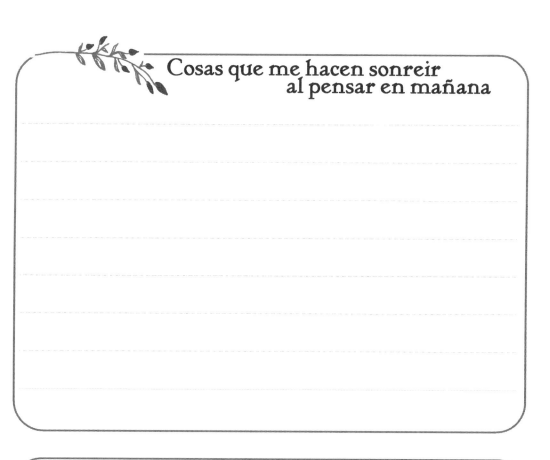

Cosas que me hacen sonreir
al pensar en mañana

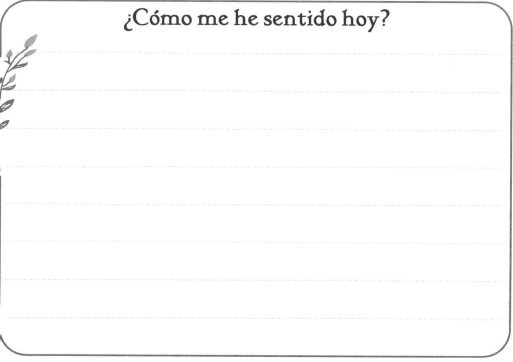

¿Cómo me he sentido hoy?

Diario matinal

Mi intención para hoy es:

Si el día de hoy tuviera una sola palabra
en la que enfocarme sería:

Afirmación
positiva para hoy

Doy gracias por:

¿Qué podría hacer hoy para tener un buen día?

Diario de Agradecimiento

Doy gracias por:

Diario de Agradecimiento

Doy gracias por:

Diario nocturno

Cosas buenas que han sucedido hoy:

¿Quién me ha ayudado hoy?

Buenos Hábitos
que he practicado hoy

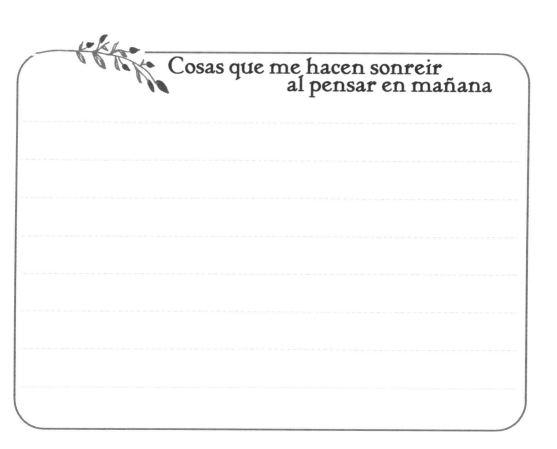

Cosas que me hacen sonreir
al pensar en mañana

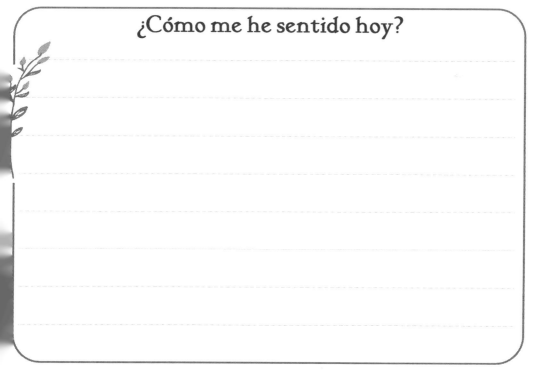

¿Cómo me he sentido hoy?

Diario matinal

Mi intención para hoy es:

Si el día de hoy tuviera una sola palabra
en la que enfocarme sería:

Afirmación
positiva para hoy

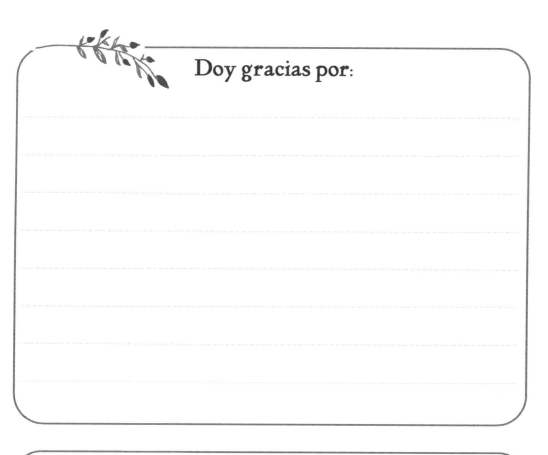

Doy gracias por:

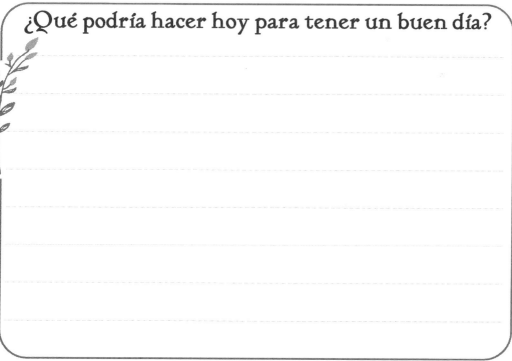

¿Qué podría hacer hoy para tener un buen día?

Diario de Agradecimiento

Doy gracias por:

Diario de Agradecimiento

Doy gracias por:

Diario nocturno

Cosas buenas que han sucedido hoy:

¿Quién me ha ayudado hoy?

Buenos Hábitos
que he practicado hoy

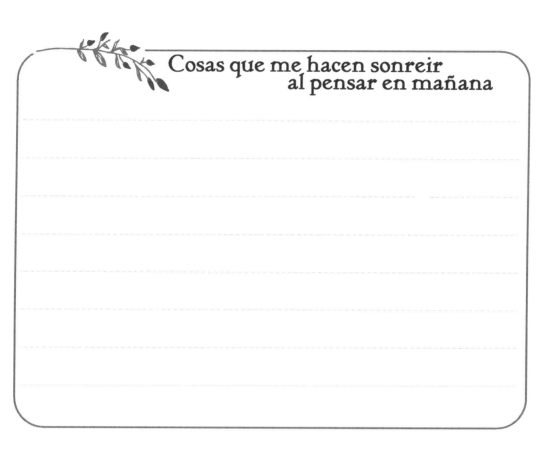

Cosas que me hacen sonreir al pensar en mañana

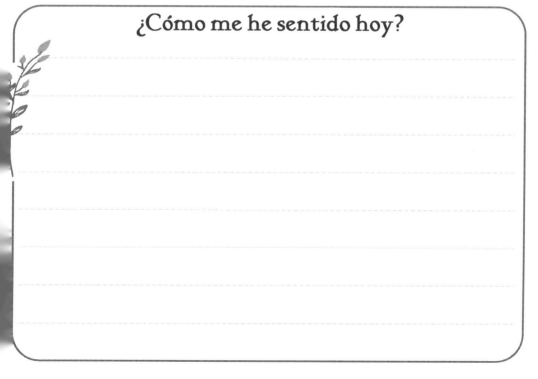

¿Cómo me he sentido hoy?

Diario matinal

Mi intención para hoy es:

Si el día de hoy tuviera una sola palabra
en la que enfocarme sería:

Afirmación
positiva para hoy

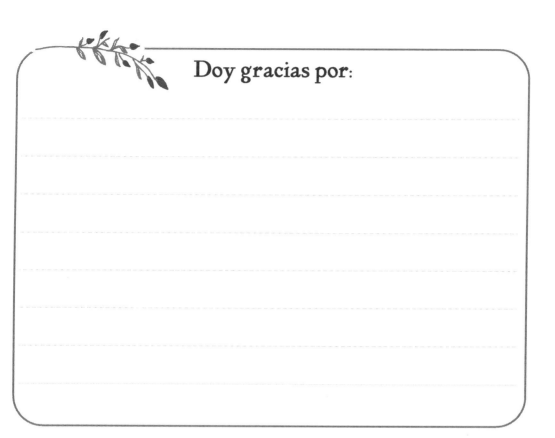

Doy gracias por:

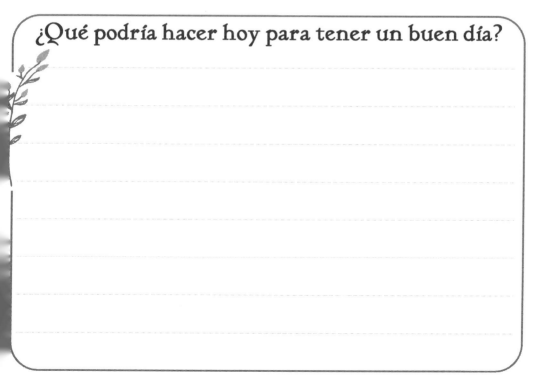

¿Qué podría hacer hoy para tener un buen día?

Diario de Agradecimiento

Doy gracias por:

Diario de Agradecimiento

Doy gracias por:

Diario nocturno

Cosas buenas que han sucedido hoy:

¿Quién me ha ayudado hoy?

Buenos Hábitos
que he practicado hoy

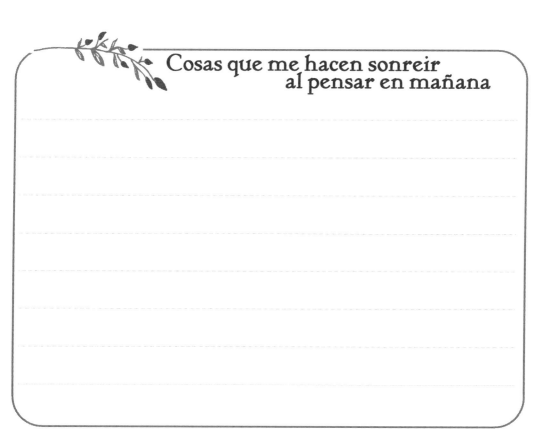

Cosas que me hacen sonreir al pensar en mañana

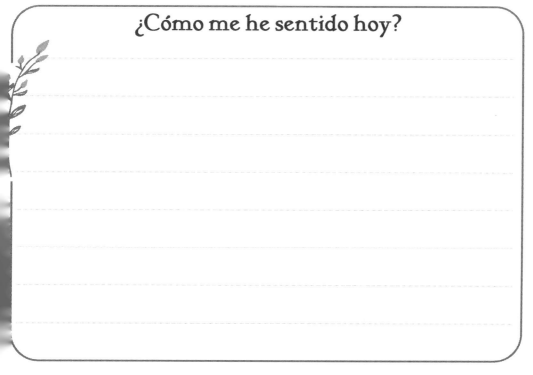

¿Cómo me he sentido hoy?

Diario matinal

Mi intención para hoy es:

Si el día de hoy tuviera una sola palabra
en la que enfocarme sería:

Afirmación
positiva para hoy

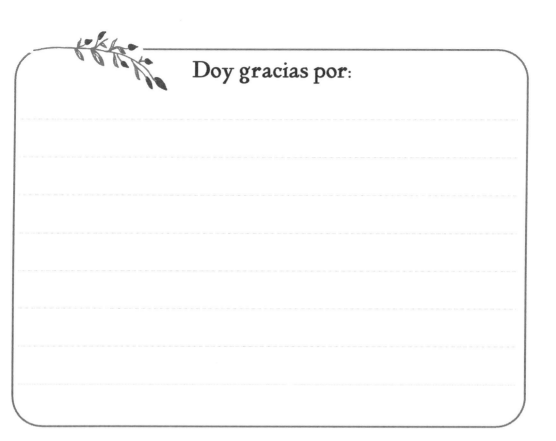

Doy gracias por:

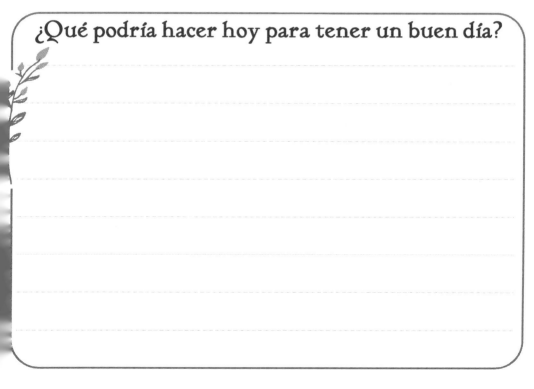

¿Qué podría hacer hoy para tener un buen día?

Diario de Agradecimiento

Doy gracias por:

Diario de Agradecimiento

Doy gracias por:

Diario nocturno

Cosas buenas que han sucedido hoy:

¿Quién me ha ayudado hoy?

Buenos Hábitos
que he practicado hoy

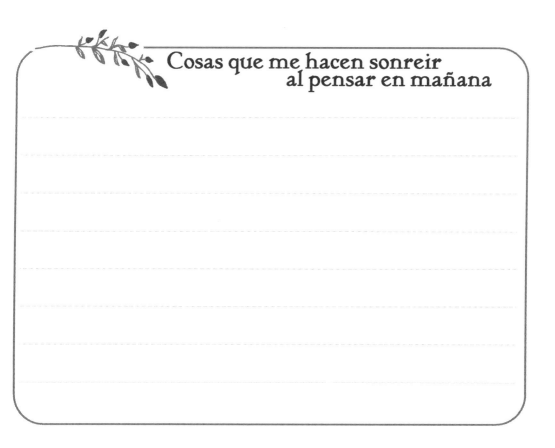

Cosas que me hacen sonreir al pensar en mañana

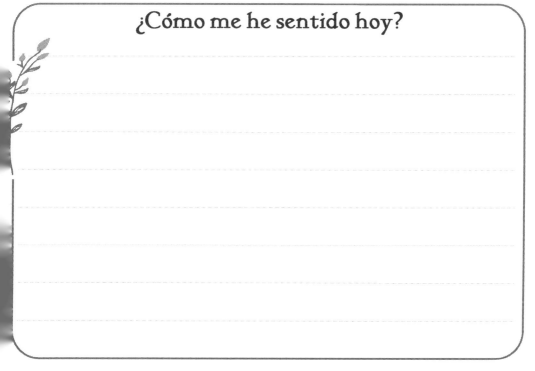

¿Cómo me he sentido hoy?

Diario matinal

Mi intención para hoy es:

Si el día de hoy tuviera una sola palabra
en la que enfocarme sería:

Afirmación
positiva para hoy

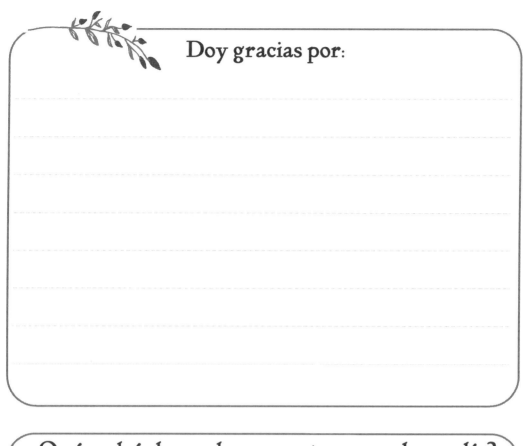

Doy gracias por:

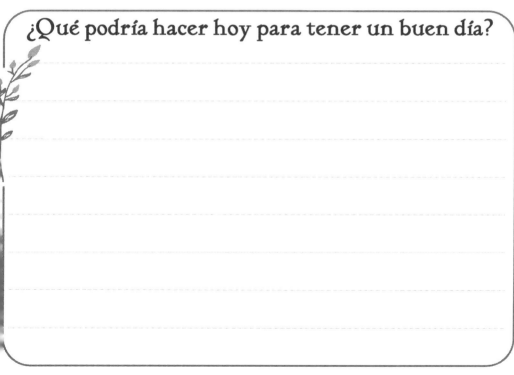

¿Qué podría hacer hoy para tener un buen día?

Diario de Agradecimiento

Doy gracias por:

Diario de Agradecimiento

Doy gracias por:

Diario nocturno

Cosas buenas que han sucedido hoy:

¿Quién me ha ayudado hoy?

Buenos Hábitos
que he practicado hoy

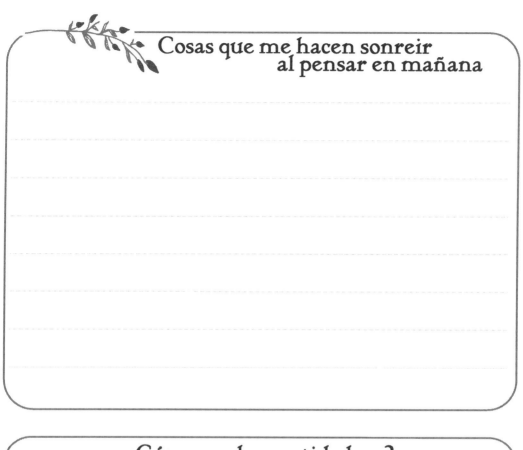

Cosas que me hacen sonreir al pensar en mañana

¿Cómo me he sentido hoy?

Diario matinal

Mi intención para hoy es:

Si el día de hoy tuviera una sola palabra
en la que enfocarme sería:

Afirmación
positiva para hoy

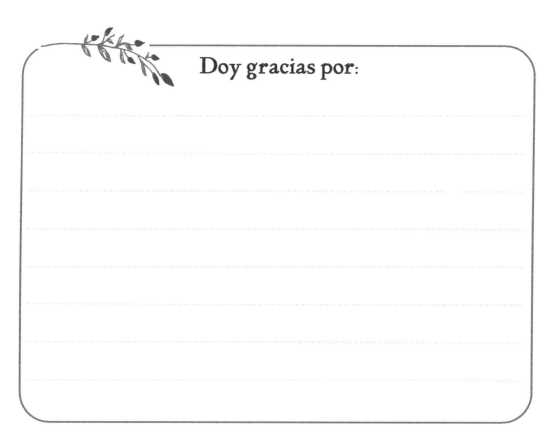

Doy gracias por:

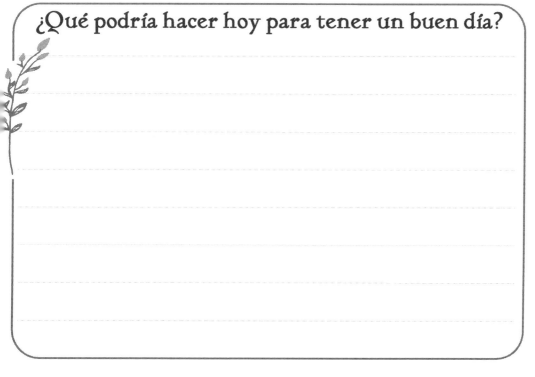

¿Qué podría hacer hoy para tener un buen día?

Diario de Agradecimiento

Doy gracias por:

Diario de Agradecimiento

Doy gracias por:

Diario nocturno

Cosas buenas que han sucedido hoy:

¿Quién me ha ayudado hoy?

Buenos Hábitos
que he practicado hoy

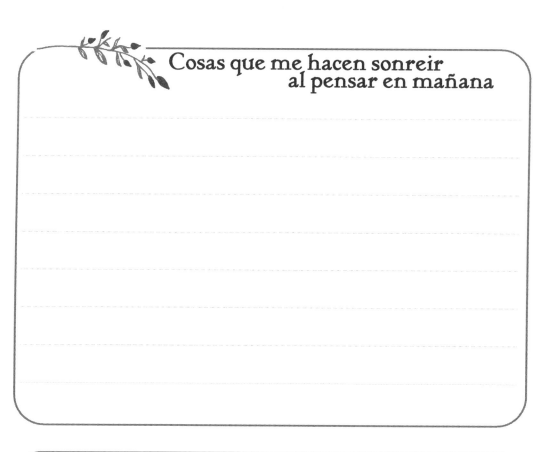

Cosas que me hacen sonreir al pensar en mañana

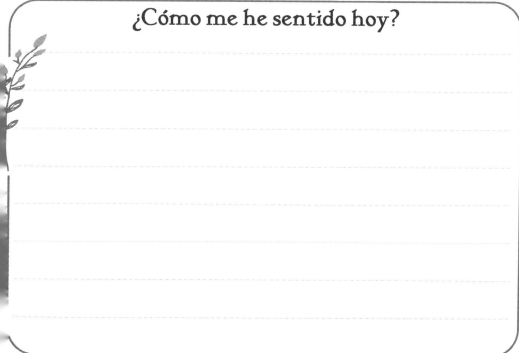

¿Cómo me he sentido hoy?

Diario matinal

Mi intención para hoy es:

Si el día de hoy tuviera una sola palabra
en la que enfocarme sería:

Afirmación
positiva para hoy

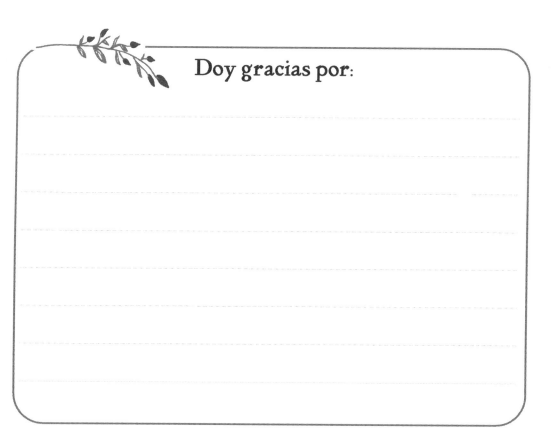

Doy gracias por:

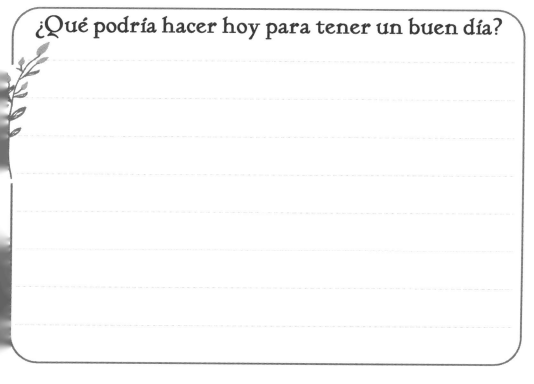

¿Qué podría hacer hoy para tener un buen día?

Diario de Agradecimiento

Doy gracias por:

Diario de Agradecimiento

Doy gracias por:

Diario nocturno

Cosas buenas que han sucedido hoy:

¿Quién me ha ayudado hoy?

Buenos Hábitos
que he practicado hoy

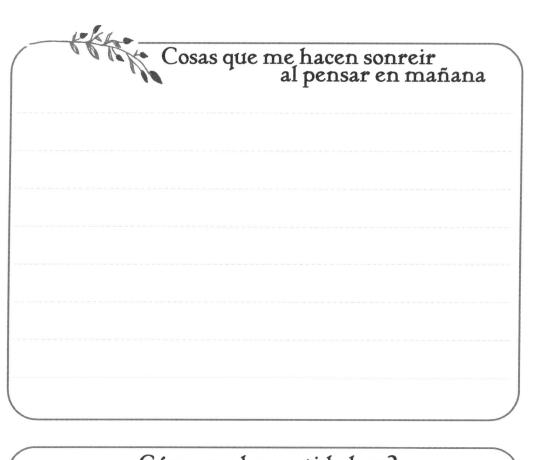

Cosas que me hacen sonreir
al pensar en mañana

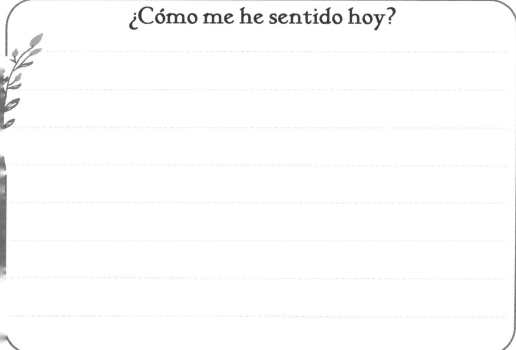

¿Cómo me he sentido hoy?

Diario matinal

Mi intención para hoy es:

Si el día de hoy tuviera una sola palabra
en la que enfocarme sería:

Afirmación
positiva para hoy

Doy gracias por:

¿Qué podría hacer hoy para tener un buen día?

Diario de Agradecimiento

Doy gracias por:

Diario de Agradecimiento

Doy gracias por:

Diario nocturno

Cosas buenas que han sucedido hoy:

¿Quién me ha ayudado hoy?

Buenos Hábitos
que he practicado hoy

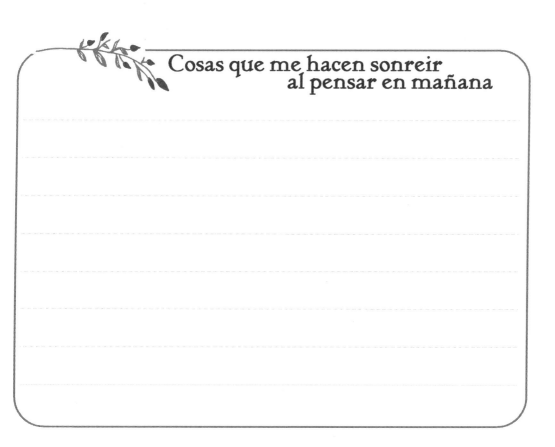

Cosas que me hacen sonreir al pensar en mañana

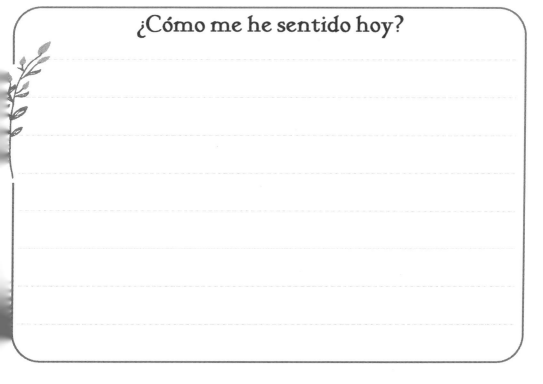

¿Cómo me he sentido hoy?

Printed in Great Britain
by Amazon